Sabor e Baking: A Bilingual Portuguese-English Cookbook

Coledown Bilingual Books

Published by Coledown Bilingual Books, 2023.

SABOR E BAKING: A BILINGUAL PORTUGUESE-ENGLISH COOKBOOK

First edition. July 19, 2023.

ISBN: 979-8223957508

Written by Coledown Bilingual Books.

Introduction

Welcome to the delightful world of Portuguese baking, where the warm aromas of freshly baked goods fill the air, and the magic of creating sweet treats brings joy to both the heart and the taste buds. In this enchanting bilingual cookbook, we invite you to embrace the art of baking through the lens of two beautiful languages—Portuguese and English. Welcome to the **Sabor e Baking: A Bilingual Portuguese-English Cookbook**.

Baking is a universal language that transcends borders, and in this cookbook, we celebrate the fusion of two cultures through the shared love of sweets and pastries. From the bustling bakeries of Lisbon to the quaint village kitchens of Madeira, Portuguese baking is a tapestry of flavors that weaves together tradition, history, and creativity.

Each recipe in this bilingual cookbook has been carefully curated to capture the essence of Portuguese baking while embracing the joy of bilingual learning. Whether you're a seasoned baker looking to expand your horizons, a Portuguese language learner or a curious novice eager to embark on a delicious adventure, **Sabor e Baking** is your passport to a world of delectable treats.

Throughout these pages, you'll discover iconic Portuguese pastries, such as the heavenly Pastel de Nata, with its creamy custard filling and flaky crust, as well as the luscious Bolo de Mel, a honey-infused delight from the enchanting island of Madeira.

But the journey doesn't stop there; we've also included beloved regional specialties and contemporary creations that showcase the versatility of Portuguese baking.

What sets this cookbook apart is its bilingual nature, which celebrates inclusivity and accessibility. Whether you're a Portuguese speaker keen on perfecting traditional recipes or an English speaker eager to explore a new culture and a new language, every recipe is thoughtfully presented in both languages. We believe that language should never be a barrier to the joy of baking and sharing delicious treats with loved ones.

As you embark on your baking escapades, you'll find that the act of preparing these treats is a celebration of heritage and community. Portuguese baking is infused with warmth and a sense of togetherness—each recipe carries stories of family gatherings, festive occasions, and the passing down of cherished culinary traditions.

In the kitchen, as you knead dough, measure ingredients, and watch your creations rise and transform into golden perfection, you'll discover the magic that happens when the language of food connects people from different walks of life. Baking is an art form that fosters connections, and we hope this cookbook brings you closer to Portugal and its rich cultural heritage.

Whether you're baking with loved ones, sharing these treats with friends, or simply indulging in a moment of sweet solitude, **Sabor e Baking** promises to be a delightful companion on your journey. Allow the enchanting aromas and delicious flavors to transport you to the cobblestone streets of Lisbon, the picturesque vineyards of Douro, or the sun-kissed shores of the Algarve.

So, with your apron on and mixing bowl in hand, let's venture into the world of **Sabor e Baking: A Bilingual Portuguese-English Cookbook**. Together, we'll celebrate the magic of baking, the joy of bilingual learning, and the beauty of embracing diverse cultures—one delicious bite at a time.

Bom apetite e happy baking!

Pastel de Nata (Portuguese Custard Tarts)

Ingredientes (Ingredients):

- 1 rolo de massa folhada (1 puff pastry roll)

- 250 ml de leite (250ml of milk)

- 4 gemas de ovo (4 egg yolks)

- 100g de açúcar (100g of sugar)

- 25g de farinha de trigo (25g of wheat flour)

- 1 pau de canela (1 cinnamon stick)

- Casca de limão (Lemon zest)

- Açúcar em pó (Powdered sugar)

Instruções (Instructions):

1. Preaqueça o forno a 220°C. (Preheat the oven to 220°C / 430°F.)

2. Estenda a massa folhada e corte círculos para forrar as formas de pastel. (Roll out the puff pastry and cut circles to line the tart molds.)

3. Leve o leite ao lume com o pau de canela e a casca de limão. Deixe ferver e retire do lume. (Heat the milk with the cinnamon stick and lemon zest. Bring to a boil and remove from heat.)

4. Noutra tigela, misture as gemas, o açúcar e a farinha até obter um creme liso. (In another bowl, mix the egg yolks, sugar, and flour until you get a smooth cream.)

5. Verta o leite quente sobre a mistura das gemas, mexendo sempre. (Pour the hot milk over the egg mixture, stirring constantly.)

6. Leve novamente ao lume e cozinhe até engrossar. (Return to the heat and cook until thickened.)

7. Retire a casca de limão e o pau de canela e deixe o creme arrefecer. (Remove the lemon zest and cinnamon stick and let the cream cool down.)

8. Coloque o creme nas formas de massa folhada. (Pour the cream into the puff pastry molds.)

9. Leve ao forno por cerca de 15-20 minutos ou até dourar. (Bake in the oven for about 15-20 minutes or until golden brown.)

10. Polvilhe com açúcar em pó antes de servir. (Sprinkle with powdered sugar before serving.)

Bolo de Arroz (Rice Cakes)

Ingredientes (Ingredients):

- 200g de farinha de arroz (200g of rice flour)
- 200g de açúcar (200g of sugar)
- 4 ovos (4 eggs)
- 1 colher de chá de fermento em pó (1 teaspoon of baking powder)
- Raspa de limão (Lemon zest)

Instruções (Instructions):

1. Pré-aqueça o forno a 180°C. (Preheat the oven to 180°C / 350°F.)
2. Bata os ovos com o açúcar até obter uma mistura fofa e esbranquiçada. (Beat the eggs with the sugar until you get a fluffy and whitish mixture.)
3. Adicione a raspa de limão e misture. (Add the lemon zest and mix.)
4. Peneire a farinha de arroz e o fermento em pó sobre a mistura de ovos e incorpore suavemente. (Sift the rice flour and baking powder over the egg mixture and fold gently.)

5. Despeje a massa em formas de queques untadas e enfarinhadas, enchendo até 2/3 da capacidade. (Pour the batter into greased and floured muffin tins, filling up to 2/3 of their capacity.)

6. Leve ao forno por 15-20 minutos ou até dourar. (Bake in the oven for 15-20 minutes or until golden brown.)

7. Deixe arrefecer antes de servir. (Let them cool before serving.)

Pão-de-Ló (Sponge Cake)

Ingredientes (Ingredients):

- 6 ovos (6 eggs)

- 200g de açúcar (200g of sugar)

- 150g de farinha de trigo (150g of wheat flour)

Instruções (Instructions):

1. Pré-aqueça o forno a 180°C. (Preheat the oven to 180°C / 350°F.)

2. Bata os ovos e o açúcar até obter uma massa fofa e esbranquiçada. (Beat the eggs and sugar until you get a fluffy and whitish mixture.)

3. Adicione a farinha peneirada à mistura de ovos e envolva delicadamente. (Add the sifted flour to the egg mixture and fold gently.)

4. Despeje a massa numa forma de buraco untada e enfarinhada. (Pour the batter into a greased and floured bundt pan.)

5. Leve ao forno por 25-30 minutos ou até que um palito inserido no centro saia limpo. (Bake in the oven for 25-30 minutes or until a toothpick inserted in the center comes out clean.)

6. Desenforme e deixe arrefecer antes de servir. (Unmold and let it cool before serving.)

Queijada (Cheese Tarts)

Ingredientes (Ingredients):

- 500g de queijo fresco (500g of fresh cheese)

- 4 ovos (4 eggs)

- 200g de açúcar (200g of sugar)

- Raspa de limão (Lemon zest)

- 1 colher de sopa de farinha de trigo (1 tablespoon of wheat flour)

Instruções (Instructions):

1. Pré-aqueça o forno a 180°C. (Preheat the oven to 180°C / 350°F.)

2. Numa tigela, misture o queijo fresco com os ovos e o açúcar. (In a bowl, mix the fresh cheese with the eggs and sugar.)

3. Adicione a raspa de limão e a farinha de trigo e misture bem. (Add the lemon zest and wheat flour and mix well.)

4. Verta o preparado em forminhas de papel ou em formas de queques untadas e enfarinhadas. (Pour the mixture into paper molds or greased and floured muffin tins.)

5. Leve ao forno por 25-30 minutos ou até dourar. (Bake in the oven for 25-30 minutes or until golden brown.)

6. Deixe arrefecer antes de servir. (Let them cool before serving.)

Bolo de Bolacha (Biscuit Cake)

Ingredientes (Ingredients):

- 300g de bolacha Maria (300g of Maria biscuits)

- 200g de manteiga sem sal (200g of unsalted butter)

- 200g de açúcar em pó (200g of powdered sugar)

- 1 lata de leite condensado (1 can of condensed milk)

- 1 chávena de café forte (1 cup of strong coffee)

- Cacau em pó (Cocoa powder)

Instruções (Instructions):

1. Num recipiente, bata a manteiga com o açúcar em pó até obter um creme leve e fofo. (In a bowl, beat the butter with the powdered sugar until you get a light and fluffy cream.)

2. Junte o leite condensado à mistura de manteiga e açúcar, mexendo bem. (Add the condensed milk to the butter and sugar mixture, stirring well.)

3. Numa travessa, coloque uma camada de bolachas e embeba-as em café. (In a dish, place a layer of biscuits and soak them in coffee.)

4. Cubra as bolachas com uma camada do creme preparado. (Cover the biscuits with a layer of the prepared cream.)

5. Repita o processo, alternando camadas de bolachas e creme, até terminar os ingredientes. (Repeat the process, alternating layers of biscuits and cream, until you run out of ingredients.)

6. Termine com uma camada de creme. (Finish with a layer of cream.)

7. Polvilhe generosamente com cacau em pó. (Sprinkle generously with cocoa powder.)

8. Leve ao frigorífico por pelo menos 4 horas antes de servir. (Refrigerate for at least 4 hours before serving.)

Bolo Rei (King Cake)

Ingredientes (Ingredients):

- 500g de farinha de trigo (500g of wheat flour)

- 100g de manteiga sem sal (100g of unsalted butter)

- 100g de açúcar (100g of sugar)

- 4 ovos (4 eggs)

- 20g de fermento de padeiro fresco (20g of fresh baker's yeast)

- 50ml de leite morno (50ml of warm milk)

- 100g de frutas cristalizadas (100g of candied fruits)

- 100g de passas (100g of raisins)

- 50g de nozes (50g of walnuts)

- 1 fava seca (1 dried fava bean)

- 1 brinde (1 charm or trinket)

- Açúcar em pó (Powdered sugar)

Instruções (Instructions):

1. Dissolva o fermento de padeiro no leite morno. (Dissolve the baker's yeast in warm milk.)

2. Numa tigela grande, misture a farinha, a manteiga, o açúcar e os ovos. (In a large bowl, mix the flour, butter, sugar, and eggs.)

3. Adicione o fermento dissolvido à massa e amasse bem. (Add the dissolved yeast to the dough and knead well.)

4. Adicione as frutas cristalizadas, as passas e as nozes, e continue a amassar até que tudo esteja bem incorporado. (Add the candied fruits, raisins, and walnuts, and continue kneading until everything is well incorporated.)

5. Forme uma bola com a massa e deixe-a levedar num local quente e abrigado até dobrar de volume. (Form a ball with the dough and let it rise in a warm and sheltered place until it doubles in size.)

6. Divida a massa em duas partes e molde cada uma numa forma circular, com um buraco no centro. (Divide the dough into two parts and shape each one into a circular form with a hole in the center.)

7. Coloque a fava e o brinde no interior de uma das massas. (Place the dried fava bean and the charm or trinket inside one of the doughs.)

8. Deixe levedar novamente por mais uma hora. (Let it rise again for another hour.)

9. Pré-aqueça o forno a 180°C. (Preheat the oven to 180°C / 350°F.)

10. Leve ao forno por 30-40 minutos ou até dourar. (Bake in the oven for 30-40 minutes or until golden brown.)

11. Polvilhe com açúcar em pó antes de servir. (Sprinkle with powdered sugar before serving.)

Malasada

Ingredientes (Ingredients):

- 500g de farinha de trigo (500g of wheat flour)

- 75g de manteiga sem sal (75g of unsalted butter)

- 75g de açúcar (75g of sugar)

- 4 ovos (4 eggs)

- 10g de fermento de padeiro fresco (10g of fresh baker's yeast)

- 100ml de leite morno (100ml of warm milk)

- Pitada de sal (Pinch of salt)

- Açúcar em pó (Powdered sugar)

Instruções (Instructions):

1. Dissolva o fermento de padeiro no leite morno. (Dissolve the baker's yeast in warm milk.)

2. Numa tigela, misture a farinha, a manteiga, o açúcar, os ovos e o sal. (In a bowl, mix the flour, butter, sugar, eggs, and salt.)

3. Adicione o fermento dissolvido à massa e amasse bem. (Add the dissolved yeast to the dough and knead well.)

4. Cubra a massa com um pano e deixe levedar num local quente e abrigado até dobrar de volume. (Cover the dough with a cloth and let it rise in a warm and sheltered place until it doubles in size.)

5. Forme bolas pequenas com a massa e achate-as levemente com as mãos. (Form small balls with the dough and flatten them slightly with your hands.)

6. Aqueça o óleo numa panela a 180°C. (Heat the oil in a pan to 180°C / 350°F.)

7. Frite as malasadas até dourarem dos dois lados. (Fry the malasadas until golden brown on both sides.)

8. Escorra o excesso de óleo e polvilhe com açúcar em pó antes de servir. (Drain the excess oil and sprinkle with powdered sugar before serving.)

Bolo de Mel (Honey Cake)

Ingredientes (Ingredients):

- 250g de mel (250g of honey)

- 150g de açúcar (150g of sugar)

- 5 ovos (5 eggs)

- 100ml de azeite (100ml of olive oil)

- 500g de farinha de trigo (500g of wheat flour)

- 1 colher de sopa de canela em pó (1 tablespoon of ground cinnamon)

- 1 colher de chá de noz-moscada (1 teaspoon of ground nutmeg)

- 1 colher de chá de bicarbonato de sódio (1 teaspoon of baking soda)

- 1 colher de chá de fermento em pó (1 teaspoon of baking powder)

- 100g de nozes picadas (100g of chopped walnuts)

- 100g de amêndoas picadas (100g of chopped almonds)

- 100g de passas (100g of raisins)

Instruções (Instructions):

1. Pré-aqueça o forno a 180°C. (Preheat the oven to 180°C / 350°F.)

2. Numa tigela, misture o mel, o açúcar, os ovos e o azeite. (In a bowl, mix the honey, sugar, eggs, and olive oil.)

3. Adicione a farinha, a canela, a noz-moscada, o bicarbonato de sódio e o fermento em pó. (Add the flour, cinnamon, nutmeg, baking soda, and baking powder.)

4. Misture bem até obter uma massa homogénea. (Mix well until you get a homogeneous dough.)

5. Adicione as nozes, as amêndoas e as passas, e misture novamente. (Add the walnuts, almonds, and raisins, and mix again.)

6. Verta a massa numa forma de bolo untada e enfarinhada. (Pour the batter into a greased and floured cake pan.)

7. Leve ao forno por 45-60 minutos ou até que um palito inserido no centro saia limpo. (Bake in the oven for 45-60 minutes or until a toothpick inserted in the center comes out clean.)

8. Deixe arrefecer antes de servir. (Let it cool before serving.)

Bolo de Amêndoa (Almond Cake)

Ingredientes (Ingredients):

- 200g de amêndoas moídas (200g of ground almonds)

- 200g de açúcar (200g of sugar)

- 6 ovos (6 eggs)

- 50g de manteiga sem sal (50g of unsalted butter)

- 1 colher de chá de fermento em pó (1 teaspoon of baking powder)

- Açúcar em pó (Powdered sugar)

Instruções (Instructions):

1. Pré-aqueça o forno a 180°C. (Preheat the oven to 180°C / 350°F.)

2. Numa tigela, misture as amêndoas moídas, o açúcar, e a manteiga amolecida. (In a bowl, mix the ground almonds, sugar, and softened butter.)

3. Adicione os ovos, um de cada vez, batendo bem após cada adição. (Add the eggs, one at a time, beating well after each addition.)

4. Junte o fermento em pó e misture até obter uma massa homogénea. (Add the baking powder and mix until you get a homogeneous dough.)

5. Verta a massa numa forma de bolo untada e enfarinhada. (Pour the batter into a greased and floured cake pan.)

6. Leve ao forno por 30-40 minutos ou até dourar. (Bake in the oven for 30-40 minutes or until golden brown.)

7. Deixe arrefecer antes de polvilhar com açúcar em pó antes de servir. (Let it cool before sprinkling with powdered sugar before serving.)

Pudim Abade de Priscos (Abbot of Priscos Pudding)

Ingredientes (Ingredients):

- 12 gemas de ovo (12 egg yolks)

- 250g de açúcar (250g of sugar)

- 500ml de água (500ml of water)

- 1 colher de sopa de banha de porco (1 tablespoon of pork lard)

- Casca de limão (Lemon zest)

Instruções (Instructions):

1. Pré-aqueça o forno a 180°C. (Preheat the oven to 180°C / 350°F.)

2. Leve o açúcar ao lume com a água e a casca de limão até obter um xarope. (Heat the sugar with water and lemon zest until you get a syrup.)

3. Adicione a banha de porco e mexa bem. (Add the pork lard and stir well.)

4. À parte, bata as gemas e junte-as ao xarope, mexendo sempre. (Separately, beat the egg yolks and add them to the syrup, stirring constantly.)

5. Verta a mistura numa forma de pudim e leve ao forno em banho-maria por 40-50 minutos ou até ficar firme. (Pour the mixture into a pudding mold and bake in a water bath for 40-50 minutes or until firm.)

6. Deixe arrefecer antes de desenformar. (Let it cool before unmolding.)

Pão-de-Ló de Ovar (Ovar Sponge Cake)

Ingredientes (Ingredients):

- 12 ovos (12 eggs)

- 250g de açúcar (250g of sugar)

- 125g de farinha de trigo (125g of wheat flour)

Instruções (Instructions):

1. Pré-aqueça o forno a 180°C. (Preheat the oven to 180°C / 350°F.)

2. Num recipiente grande, bata os ovos com o açúcar até obter uma massa leve e esbranquiçada. (In a large bowl, beat the eggs with the sugar until you get a light and whitish mixture.)

3. Peneire a farinha de trigo sobre a mistura de ovos e incorpore suavemente. (Sift the wheat flour over the egg mixture and fold gently.)

4. Verta a massa numa forma de bolo untada e enfarinhada. (Pour the batter into a greased and floured cake pan.)

5. Leve ao forno por 30-40 minutos ou até dourar. (Bake in the oven for 30-40 minutes or until golden brown.)

6. Deixe arrefecer antes de servir. (Let it cool before serving.)

Travesseiro

Ingredientes (Ingredients):

- 1 rolo de massa folhada (1 puff pastry roll)

- 250g de açúcar (250g of sugar)

- 4 gemas de ovo (4 egg yolks)

- 100g de amêndoa moída (100g of ground almonds)

- 100ml de água (100ml of water)

- 1 colher de sopa de manteiga sem sal (1 tablespoon of unsalted butter)

- 1 pitada de canela (A pinch of cinnamon)

Instruções (Instructions):

1. Preaqueça o forno a 180°C. (Preheat the oven to 180°C / 350°F.)

2. Estenda a massa folhada e corte-a em retângulos. (Roll out the puff pastry and cut it into rectangles.)

3. Numa tigela, misture o açúcar, as gemas, a amêndoa moída, a água, a manteiga, e a canela. (In a bowl, mix the sugar, egg yolks, ground almonds, water, butter, and cinnamon.)

4. Coloque o recheio sobre metade de cada retângulo de massa folhada. (Place the filling on half of each puff pastry rectangle.)

5. Dobre a outra metade da massa sobre o recheio e pressione as bordas com um garfo para selar. (Fold the other half of the pastry over the filling and press the edges with a fork to seal.)

6. Leve ao forno por 20-25 minutos ou até dourar. (Bake in the oven for 20-25 minutes or until golden brown.)

7. Deixe arrefecer antes de servir. (Let them cool before serving.)

Lampreia de Ovos (Egg Lamprey)

Ingredientes (Ingredients):

- 12 gemas de ovo (12 egg yolks)
- 250g de açúcar (250g of sugar)
- 250ml de água (250ml of water)
- 1 pau de canela (1 cinnamon stick)
- Casca de limão (Lemon zest)

Instruções (Instructions):

1. Num tacho, misture a água com o açúcar, o pau de canela e a casca de limão. (In a saucepan, mix the water with the sugar, cinnamon stick, and lemon zest.)

2. Leve ao lume e deixe ferver até obter ponto de fio fraco. (Bring to a boil and let it boil until it reaches a weak thread stage.)

3. Noutra tigela, bata as gemas de ovo. (In another bowl, beat the egg yolks.)

4. Retire o pau de canela e a casca de limão do xarope e verta-o sobre as gemas, mexendo sempre. (Remove the cinnamon stick and lemon zest from the syrup and pour it over the egg yolks, stirring constantly.)

5. Leve novamente ao lume e cozinhe em lume brando até engrossar. (Return to the heat and cook over low heat until it thickens.)

6. Verta o preparado numa forma com a forma de uma lampreia e deixe arrefecer. (Pour the mixture into a mold shaped like a lamprey and let it cool.)

7. Desenforme e sirva polvilhado com açúcar em pó. (Unmold and serve sprinkled with powdered sugar.)

Torta de Laranja (Orange Roll Cake)

Ingredientes (Ingredients):

- 6 ovos (6 eggs)
- 200g de açúcar (200g of sugar)
- 150g de farinha de trigo (150g of wheat flour)
- Sumo e raspa de 2 laranjas (Juice and zest of 2 oranges)
- Açúcar em pó (Powdered sugar)

Instruções (Instructions):

1. Pré-aqueça o forno a 180°C. (Preheat the oven to 180°C / 350°F.)

2. Numa tigela, bata os ovos com o açúcar até obter uma massa fofa. (In a bowl, beat the eggs with the sugar until you get a fluffy mixture.)

3. Adicione a farinha de trigo e a raspa das laranjas, e misture bem. (Add the wheat flour and orange zest, and mix well.)

4. Verta a massa sobre um tabuleiro forrado com papel vegetal e leve ao forno por 15-20 minutos ou até dourar. (Pour the batter onto a baking sheet lined with parchment paper and bake in the oven for 15-20 minutes or until golden brown.)

5. Retire do forno e desenforme sobre um pano de cozinha polvilhado com açúcar em pó. (Remove from the oven and unmold onto a kitchen towel sprinkled with powdered sugar.)

6. Enrole a torta delicadamente com a ajuda do pano. (Roll the cake gently with the help of the towel.)

7. Deixe arrefecer antes de servir. (Let it cool before serving.)

Bolo de Noz (Walnut Cake)

Ingredientes (Ingredients):

- 200g de nozes moídas (200g of ground walnuts)
- 200g de açúcar (200g of sugar)
- 6 ovos (6 eggs)
- 50g de manteiga sem sal (50g of unsalted butter)
- 100g de farinha de trigo (100g of wheat flour)
- 1 colher de chá de fermento em pó (1 teaspoon of baking powder)

Instruções (Instructions):

1. Pré-aqueça o forno a 180°C. (Preheat the oven to 180°C / 350°F.)

2. Numa tigela, misture as nozes moídas com o açúcar. (In a bowl, mix the ground walnuts with the sugar.)

3. Adicione os ovos, um de cada vez, batendo bem após cada adição. (Add the eggs, one at a time, beating well after each addition.)

4. Junte a manteiga derretida e misture bem. (Add the melted butter and mix well.)

5. Adicione a farinha de trigo e o fermento em pó, e misture até obter uma massa homogénea. (Add the wheat flour and baking powder, and mix until you get a homogeneous dough.)

6. Verta a massa numa forma de bolo untada e enfarinhada. (Pour the batter into a greased and floured cake pan.)

7. Leve ao forno por 30-40 minutos ou até ficar dourado. (Bake in the oven for 30-40 minutes or until golden brown.)

8. Deixe arrefecer antes de servir. (Let it cool before serving.)

Pudim Molotov (Molotov Pudding)

Ingredientes (Ingredients):

- 10 claras de ovo (10 egg whites)

- 300g de açúcar (300g of sugar)

- 1 colher de chá de essência de baunilha (1 teaspoon of vanilla extract)

Instruções (Instructions):

1. Pré-aqueça o forno a 180°C. (Preheat the oven to 180°C / 350°F.)

2. Numa tigela, bata as claras em castelo até ficarem bem firmes. (In a bowl, beat the egg whites until they are stiff.)

3. Adicione o açúcar, aos poucos, continuando a bater até obter um merengue brilhante. (Add the sugar gradually, continuing to beat until you get a glossy meringue.)

4. Junte a essência de baunilha e misture delicadamente. (Add the vanilla extract and mix gently.)

5. Verta o merengue numa forma de pudim untada com caramelo. (Pour the meringue into a pudding mold greased with caramel.)

6. Leve ao forno por 20-25 minutos ou até dourar. (Bake in the oven for 20-25 minutes or until golden brown.)

7. Deixe arrefecer antes de desenformar. (Let it cool before unmolding.)

Bolo de Amoras (Blackberry Cake)

Ingredientes (Ingredients):

- 200g de amoras frescas (200g of fresh blackberries)

- 200g de açúcar (200g of sugar)

- 4 ovos (4 eggs)

- 150g de manteiga sem sal (150g of unsalted butter)

- 250g de farinha de trigo (250g of wheat flour)

- 1 colher de chá de fermento em pó (1 teaspoon of baking powder)

Instruções (Instructions):

1. Pré-aqueça o forno a 180°C. (Preheat the oven to 180°C / 350°F.)

2. Numa tigela, bata a manteiga com o açúcar até obter um creme fofo. (In a bowl, beat the butter with the sugar until you get a fluffy cream.)

3. Adicione os ovos, um de cada vez, batendo bem após cada adição. (Add the eggs, one at a time, beating well after each addition.)

4. Junte a farinha de trigo e o fermento em pó, e misture bem. (Add the wheat flour and baking powder, and mix well.)

5. Adicione as amoras e envolva-as delicadamente na massa. (Add the blackberries and fold them gently into the batter.)

6. Verta a massa numa forma de bolo untada e enfarinhada. (Pour the batter into a greased and floured cake pan.)

7. Leve ao forno por 30-40 minutos ou até ficar dourado. (Bake in the oven for 30-40 minutes or until golden brown.)

8. Deixe arrefecer antes de servir. (Let it cool before serving.)

Bolo de Cenoura (Carrot Cake)

Ingredientes (Ingredients):

- 3 cenouras médias (3 medium carrots)

- 4 ovos (4 eggs)

- 200ml de óleo vegetal (200ml of vegetable oil)

- 300g de açúcar (300g of sugar)

- 300g de farinha de trigo (300g of wheat flour)

- 1 colher de sopa de fermento em pó (1 tablespoon of baking powder)

- 1 pitada de sal (A pinch of salt)

- Manteiga e farinha para untar a forma (Butter and flour for greasing the cake pan)

Instruções (Instructions):

1. Preaqueça o forno a 180°C. (Preheat the oven to 180°C / 350°F.)

2. Descasque e rale as cenouras finamente. (Peel and finely grate the carrots.)

3. Numa tigela, bata os ovos com o óleo e o açúcar até obter um creme fofo. (In a bowl, beat the eggs with the oil and sugar until you get a fluffy cream.)

4. Adicione as cenouras raladas e misture bem. (Add the grated carrots and mix well.)

5. Peneire a farinha de trigo, o fermento em pó e o sal sobre a mistura de ovos e cenouras, e incorpore suavemente. (Sift the wheat flour, baking powder, and salt over the egg and carrot mixture, and fold gently.)

6. Unte uma forma de bolo com manteiga e farinha. (Grease a cake pan with butter and flour.)

7. Verta a massa na forma e leve ao forno por 30-40 minutos ou até ficar dourado e cozido. (Pour the batter into the pan and bake in the oven for 30-40 minutes or until golden and cooked.)

8. Deixe arrefecer antes de desenformar. (Let it cool before unmolding.)

Bolo de Maçã (Apple Cake)

Ingredientes (Ingredients):

- 3 maçãs médias (3 medium apples)

- 4 ovos (4 eggs)

- 200g de açúcar (200g of sugar)

- 100ml de óleo vegetal (100ml of vegetable oil)

- 250g de farinha de trigo (250g of wheat flour)

- 1 colher de chá de fermento em pó (1 teaspoon of baking powder)

- 1 colher de chá de canela em pó (1 teaspoon of ground cinnamon)

- Manteiga e farinha para untar a forma (Butter and flour for greasing the cake pan)

Instruções (Instructions):

1. Preaqueça o forno a 180°C. (Preheat the oven to 180°C / 350°F.)

2. Descasque e corte as maçãs em cubos pequenos. (Peel and cut the apples into small cubes.)

3. Numa tigela, bata os ovos com o açúcar até obter um creme fofo. (In a bowl, beat the eggs with the sugar until you get a fluffy cream.)

4. Adicione o óleo e misture bem. (Add the oil and mix well.)

5. Peneire a farinha de trigo, o fermento em pó e a canela sobre a mistura de ovos e açúcar, e incorpore suavemente. (Sift the wheat flour, baking powder, and cinnamon over the egg and sugar mixture, and fold gently.)

6. Adicione os cubos de maçã à massa e misture delicadamente. (Add the apple cubes to the batter and mix gently.)

7. Unte uma forma de bolo com manteiga e farinha. (Grease a cake pan with butter and flour.)

8. Verta a massa na forma e leve ao forno por 30-35 minutos ou até ficar dourado e cozido. (Pour the batter into the pan and bake in the oven for 30-35 minutes or until golden and cooked.)

9. Deixe arrefecer antes de desenformar. (Let it cool before unmolding.)

Bolo de Chocolate e Amêndoa (Chocolate and Almond Cake)

Ingredientes (Ingredients):

- 200g de chocolate meio amargo (200g of semisweet chocolate)

- 150g de manteiga sem sal (150g of unsalted butter)

- 200g de açúcar (200g of sugar)

- 4 ovos (4 eggs)

- 100g de farinha de trigo (100g of wheat flour)

- 100g de amêndoas moídas (100g of ground almonds)

- 1 colher de chá de fermento em pó (1 teaspoon of baking powder)

- Manteiga e cacau em pó para untar a forma (Butter and cocoa powder for greasing the cake pan)

Instruções (Instructions):

1. Preaqueça o forno a 180°C. (Preheat the oven to 180°C / 350°F.)

2. Num recipiente, derreta o chocolate meio amargo juntamente com a manteiga em banho-maria. (In a bowl, melt the semisweet chocolate together with the butter in a double boiler.)

3. Numa tigela, bata os ovos com o açúcar até obter um creme fofo. (In a bowl, beat the eggs with the sugar until you get a fluffy cream.)

4. Adicione a mistura de chocolate e manteiga aos ovos e misture bem. (Add the chocolate and butter mixture to the eggs and mix well.)

5. Peneire a farinha de trigo, as amêndoas moídas e o fermento em pó sobre a mistura de ovos e chocolate, e incorpore suavemente. (Sift the wheat flour, ground almonds, and baking powder over the egg and chocolate mixture, and fold gently.)

6. Unte uma forma de bolo com manteiga e cacau em pó. (Grease a cake pan with butter and cocoa powder.)

7. Verta a massa na forma e leve ao forno por 25-30 minutos ou até ficar dourado e cozido. (Pour the batter into the pan and bake in the oven for 25-30 minutes or until golden and cooked.)

8. Deixe arrefecer antes de desenformar. (Let it cool before unmolding.)

Bolo de Iogurte (Yogurt Cake)

Ingredientes (Ingredients):

- 3 ovos (3 eggs)

- 200ml de iogurte natural (200ml of plain yogurt)

- 150ml de óleo vegetal (150ml of vegetable oil)

- 200g de açúcar (200g of sugar)

- 250g de farinha de trigo (250g of wheat flour)

- 1 colher de sopa de fermento em pó (1 tablespoon of baking powder)

- Manteiga e farinha para untar a forma (Butter and flour for greasing the cake pan)

Instruções (Instructions):

1. Preaqueça o forno a 180°C. (Preheat the oven to 180°C / 350°F.)

2. Numa tigela, bata os ovos com o iogurte, o óleo e o açúcar até obter um creme fofo. (In a bowl, beat the eggs with the yogurt, oil, and sugar until you get a fluffy cream.)

3. Peneire a farinha de trigo e o fermento em pó sobre a mistura de ovos e iogurte, e incorpore suavemente. (Sift the wheat flour

and baking powder over the egg and yogurt mixture, and fold gently.)

4. Unte uma forma de bolo com manteiga e farinha. (Grease a cake pan with butter and flour.)

5. Verta a massa na forma e leve ao forno por 30-35 minutos ou até ficar dourado e cozido. (Pour the batter into the pan and bake in the oven for 30-35 minutes or until golden and cooked.)

6. Deixe arrefecer antes de desenformar. (Let it cool before unmolding.)

Bolo de Ananás (Pineapple Cake)

Ingredientes (Ingredients):

- 1 lata de ananás em calda (1 can of pineapple in syrup)

- 4 ovos (4 eggs)

- 200g de açúcar (200g of sugar)

- 200ml de leite (200ml of milk)

- 100ml de óleo vegetal (100ml of vegetable oil)

- 300g de farinha de trigo (300g of wheat flour)

- 1 colher de sopa de fermento em pó (1 tablespoon of baking powder)

- Manteiga e farinha para untar a forma (Butter and flour for greasing the cake pan)

Instruções (Instructions):

1. Preaqueça o forno a 180°C. (Preheat the oven to 180°C / 350°F.)

2. Escorra o ananás em calda e corte-o em pedaços pequenos. (Drain the pineapple in syrup and cut it into small pieces.)

3. Numa tigela, bata os ovos com o açúcar até obter um creme fofo. (In a bowl, beat the eggs with the sugar until you get a fluffy cream.)

4. Adicione o leite e o óleo, e misture bem. (Add the milk and oil, and mix well.)

5. Peneire a farinha de trigo e o fermento em pó sobre a mistura de ovos e açúcar, e incorpore suavemente. (Sift the wheat flour and baking powder over the egg and sugar mixture, and fold gently.)

6. Junte os pedaços de ananás à massa e misture delicadamente. (Add the pieces of pineapple to the batter and mix gently.)

7. Unte uma forma de bolo com manteiga e farinha. (Grease a cake pan with butter and flour.)

8. Verta a massa na forma e leve ao forno por 30-35 minutos ou até ficar dourado e cozido. (Pour the batter into the pan and bake in the oven for 30-35 minutes or until golden and cooked.)

9. Deixe arrefecer antes de desenformar. (Let it cool before unmolding.)

Bolo de Limão (Lemon Cake)

Ingredientes (Ingredients):

- 4 ovos (4 eggs)

- 200g de açúcar (200g of sugar)

- 100ml de óleo vegetal (100ml of vegetable oil)

- 250g de farinha de trigo (250g of wheat flour)

- 1 colher de sopa de fermento em pó (1 tablespoon of baking powder)

- Sumo e raspa de 2 limões (Juice and zest of 2 lemons)

- Manteiga e farinha para untar a forma (Butter and flour for greasing the cake pan)

Instruções (Instructions):

1. Preaqueça o forno a 180°C. (Preheat the oven to 180°C / 350°F.)

2. Numa tigela, bata os ovos com o açúcar até obter um creme fofo. (In a bowl, beat the eggs with the sugar until you get a fluffy cream.)

3. Adicione o óleo e misture bem. (Add the oil and mix well.)

4. Peneire a farinha de trigo e o fermento em pó sobre a mistura de ovos e açúcar, e incorpore suavemente. (Sift the wheat flour and baking powder over the egg and sugar mixture, and fold gently.)

5. Adicione o sumo e a raspa dos limões à massa e misture delicadamente. (Add the lemon juice and zest to the batter and mix gently.)

6. Unte uma forma de bolo com manteiga e farinha. (Grease a cake pan with butter and flour.)

7. Verta a massa na forma e leve ao forno por 30-35 minutos ou até ficar dourado e cozido. (Pour the batter into the pan and bake in the oven for 30-35 minutes or until golden and cooked.)

8. Deixe arrefecer antes de desenformar. (Let it cool before unmolding.)

Bolo de Fubá (Cornmeal Cake)

Ingredientes (Ingredients):

- 4 ovos (4 eggs)

- 200g de açúcar (200g of sugar)

- 100g de manteiga sem sal (100g of unsalted butter)

- 200g de fubá (farinha de milho) (200g of cornmeal)

- 100g de farinha de trigo (100g of wheat flour)

- 1 colher de sopa de fermento em pó (1 tablespoon of baking powder)

- 250ml de leite (250ml of milk)

- Manteiga e fubá para untar a forma (Butter and cornmeal for greasing the cake pan)

Instruções (Instructions):

1. Preaqueça o forno a 180°C. (Preheat the oven to 180°C / 350°F.)

2. Numa tigela, bata os ovos com o açúcar e a manteiga até obter um creme fofo. (In a bowl, beat the eggs with the sugar and butter until you get a fluffy cream.)

3. Adicione o fubá, a farinha de trigo e o fermento em pó, alternando com o leite, e incorpore suavemente. (Add the cornmeal, wheat flour, and baking powder, alternating with the milk, and fold gently.)

4. Unte uma forma de bolo com manteiga e fubá. (Grease a cake pan with butter and cornmeal.)

5. Verta a massa na forma e leve ao forno por 30-35 minutos ou até ficar dourado e cozido. (Pour the batter into the pan and bake in the oven for 30-35 minutes or until golden and cooked.)

6. Deixe arrefecer antes de desenformar. (Let it cool before unmolding.)

Bolo de Coco (Coconut Cake)

Ingredientes (Ingredients):

- 4 ovos (4 eggs)

- 200g de açúcar (200g of sugar)

- 100g de manteiga sem sal (100g of unsalted butter)

- 200g de farinha de trigo (200g of wheat flour)

- 100g de coco ralado (100g of shredded coconut)

- 1 colher de sopa de fermento em pó (1 tablespoon of baking powder)

- 250ml de leite de coco (250ml of coconut milk)

- Manteiga e farinha para untar a forma (Butter and flour for greasing the cake pan)

Instruções (Instructions):

1. Preaqueça o forno a 180°C. (Preheat the oven to 180°C / 350°F.)

2. Numa tigela, bata os ovos com o açúcar e a manteiga até obter um creme fofo. (In a bowl, beat the eggs with the sugar and butter until you get a fluffy cream.)

3. Adicione o coco ralado e misture bem. (Add the shredded coconut and mix well.)

4. Peneire a farinha de trigo e o fermento em pó sobre a mistura de ovos e coco, e incorpore suavemente. (Sift the wheat flour and baking powder over the egg and coconut mixture, and fold gently.)

5. Adicione o leite de coco à massa e misture delicadamente. (Add the coconut milk to the batter and mix gently.)

6. Unte uma forma de bolo com manteiga e farinha. (Grease a cake pan with butter and flour.)

7. Verta a massa na forma e leve ao forno por 30-35 minutos ou até ficar dourado e cozido. (Pour the batter into the pan and bake in the oven for 30-35 minutes or until golden and cooked.)

8. Deixe arrefecer antes de desenformar. (Let it cool before unmolding.)

Bolo de Castanha (Chestnut Cake)

Ingredientes (Ingredients):

- 300g de castanhas cozidas e descascadas (300g of cooked and peeled chestnuts)

- 4 ovos (4 eggs)

- 200g de açúcar (200g of sugar)

- 100g de manteiga sem sal (100g of unsalted butter)

- 100g de farinha de trigo (100g of wheat flour)

- 1 colher de sopa de fermento em pó (1 tablespoon of baking powder)

- 1 colher de chá de essência de baunilha (1 teaspoon of vanilla extract)

- Manteiga e farinha para untar a forma (Butter and flour for greasing the cake pan)

Instruções (Instructions):

1. Preaqueça o forno a 180°C. (Preheat the oven to 180°C / 350°F.)

2. Numa tigela, bata as castanhas cozidas com um pouco de leite até obter um purê. (In a bowl, blend the cooked chestnuts with a little milk until you get a puree.)

3. Numa tigela separada, bata os ovos com o açúcar e a manteiga até obter um creme fofo. (In a separate bowl, beat the eggs with the sugar and butter until you get a fluffy cream.)

4. Adicione o purê de castanhas e a essência de baunilha à mistura de ovos e incorpore bem. (Add the chestnut puree and vanilla extract to the egg mixture and incorporate well.)

5. Peneire a farinha de trigo e o fermento em pó sobre a mistura de ovos e castanhas, e incorpore suavemente. (Sift the wheat flour and baking powder over the egg and chestnut mixture, and fold gently.)

6. Unte uma forma de bolo com manteiga e farinha. (Grease a cake pan with butter and flour.)

7. Verta a massa na forma e leve ao forno por 30-35 minutos ou até ficar dourado e cozido. (Pour the batter into the pan and bake in the oven for 30-35 minutes or until golden and cooked.)

8. Deixe arrefecer antes de desenformar. (Let it cool before unmolding.)

Bolo de Azeite (Olive Oil Cake)

Ingredientes (Ingredients):

- 4 ovos (4 eggs)

- 200g de açúcar (200g of sugar)

- 100ml de azeite (100ml of olive oil)

- 100ml de leite (100ml of milk)

- 250g de farinha de trigo (250g of wheat flour)

- 1 colher de sopa de fermento em pó (1 tablespoon of baking powder)

- Raspa de 1 laranja (Zest of 1 orange)

- Manteiga e farinha para untar a forma (Butter and flour for greasing the cake pan)

Instruções (Instructions):

1. Preaqueça o forno a 180°C. (Preheat the oven to 180°C / 350°F.)

2. Numa tigela, bata os ovos com o açúcar até obter um creme fofo. (In a bowl, beat the eggs with the sugar until you get a fluffy cream.)

3. Adicione o azeite e o leite, e misture bem. (Add the olive oil and milk, and mix well.)

4. Peneire a farinha de trigo e o fermento em pó sobre a mistura de ovos e açúcar, e incorpore suavemente. (Sift the wheat flour and baking powder over the egg and sugar mixture, and fold gently.)

5. Adicione a raspa de laranja à massa e misture delicadamente. (Add the orange zest to the batter and mix gently.)

6. Unte uma forma de bolo com manteiga e farinha. (Grease a cake pan with butter and flour.)

7. Verta a massa na forma e leve ao forno por 30-35 minutos ou até ficar dourado e cozido. (Pour the batter into the pan and bake in the oven for 30-35 minutes or until golden and cooked.)

8. Deixe arrefecer antes de desenformar. (Let it cool before unmolding.)

Bolo de Amêndoa e Laranja (Almond and Orange Cake)

Ingredientes (Ingredients):

- 6 ovos (6 eggs)

- 200g de açúcar (200g of sugar)

- 150g de amêndoas moídas (150g of ground almonds)

- Raspa de 2 laranjas (Zest of 2 oranges)

- Sumo de 1 laranja (Juice of 1 orange)

- 100g de farinha de trigo (100g of wheat flour)

- 1 colher de chá de fermento em pó (1 teaspoon of baking powder)

- Manteiga e farinha para untar a forma (Butter and flour for greasing the cake pan)

Instruções (Instructions):

1. Preaqueça o forno a 180°C. (Preheat the oven to 180°C / 350°F.)

2. Numa tigela, bata os ovos com o açúcar até obter um creme fofo. (In a bowl, beat the eggs with the sugar until you get a fluffy cream.)

3. Adicione as amêndoas moídas, a raspa e o sumo de laranja, e misture bem. (Add the ground almonds, orange zest, and juice, and mix well.)

4. Peneire a farinha de trigo e o fermento em pó sobre a mistura de ovos e amêndoas, e incorpore suavemente. (Sift the wheat flour and baking powder over the egg and almond mixture, and fold gently.)

5. Unte uma forma de bolo com manteiga e farinha. (Grease a cake pan with butter and flour.)

6. Verta a massa na forma e leve ao forno por 30-35 minutos ou até ficar dourado e cozido. (Pour the batter into the pan and bake in the oven for 30-35 minutes or until golden and cooked.)

7. Deixe arrefecer antes de desenformar. (Let it cool before unmolding.)

Bolo de Café (Coffee Cake)

Ingredientes (Ingredients):

- 4 ovos (4 eggs)

- 200g de açúcar (200g of sugar)

- 100ml de café forte (100ml of strong coffee)

- 100ml de óleo vegetal (100ml of vegetable oil)

- 250g de farinha de trigo (250g of wheat flour)

- 1 colher de sopa de fermento em pó (1 tablespoon of baking powder)

- Manteiga e farinha para untar a forma (Butter and flour for greasing the cake pan)

Instruções (Instructions):

1. Preaqueça o forno a 180°C. (Preheat the oven to 180°C / 350°F.)

2. Numa tigela, bata os ovos com o açúcar até obter um creme fofo. (In a bowl, beat the eggs with the sugar until you get a fluffy cream.)

3. Adicione o café forte e o óleo vegetal, e misture bem. (Add the strong coffee and vegetable oil, and mix well.)

4. Peneire a farinha de trigo e o fermento em pó sobre a mistura de ovos e café, e incorpore suavemente. (Sift the wheat flour and baking powder over the egg and coffee mixture, and fold gently.)

5. Unte uma forma de bolo com manteiga e farinha. (Grease a cake pan with butter and flour.)

6. Verta a massa na forma e leve ao forno por 30-35 minutos ou até ficar dourado e cozido. (Pour the batter into the pan and bake in the oven for 30-35 minutes or until golden and cooked.)

7. Deixe arrefecer antes de desenformar. (Let it cool before unmolding.)

Bolo de Tangerina (Tangerine Cake)

Ingredientes (Ingredients):

- 4 ovos (4 eggs)

- 200g de açúcar (200g of sugar)

- 100ml de óleo vegetal (100ml of vegetable oil)

- 250g de farinha de trigo (250g of wheat flour)

- 1 colher de sopa de fermento em pó (1 tablespoon of baking powder)

- Sumo e raspa de 3 tangerinas (Juice and zest of 3 tangerines)

- Manteiga e farinha para untar a forma (Butter and flour for greasing the cake pan)

Instruções (Instructions):

1. Preaqueça o forno a 180°C. (Preheat the oven to 180°C / 350°F.)

2. Numa tigela, bata os ovos com o açúcar até obter um creme fofo. (In a bowl, beat the eggs with the sugar until you get a fluffy cream.)

3. Adicione o óleo e misture bem. (Add the oil and mix well.)

4. Peneire a farinha de trigo e o fermento em pó sobre a mistura de ovos e açúcar, e incorpore suavemente. (Sift the wheat flour and baking powder over the egg and sugar mixture, and fold gently.)

5. Adicione o sumo e a raspa das tangerinas à massa e misture delicadamente. (Add the tangerine juice and zest to the batter and mix gently.)

6. Unte uma forma de bolo com manteiga e farinha. (Grease a cake pan with butter and flour.)

7. Verta a massa na forma e leve ao forno por 30-35 minutos ou até ficar dourado e cozido. (Pour the batter into the pan and bake in the oven for 30-35 minutes or until golden and cooked.)

8. Deixe arrefecer antes de desenformar. (Let it cool before unmolding.)

Bolo de Maçã e Canela (Apple and Cinnamon Cake)

Ingredientes (Ingredients):

- 4 maçãs médias descascadas e cortadas em cubos (4 medium apples, peeled and diced)

- 4 ovos (4 eggs)

- 200g de açúcar (200g of sugar)

- 100ml de óleo vegetal (100ml of vegetable oil)

- 250g de farinha de trigo (250g of wheat flour)

- 1 colher de sopa de fermento em pó (1 tablespoon of baking powder)

- 1 colher de chá de canela em pó (1 teaspoon of ground cinnamon)

- Manteiga e farinha para untar a forma (Butter and flour for greasing the cake pan)

Instruções (Instructions):

1. Preaqueça o forno a 180°C. (Preheat the oven to 180°C / 350°F.)

2. Numa tigela, bata os ovos com o açúcar até obter um creme fofo. (In a bowl, beat the eggs with the sugar until you get a fluffy cream.)

3. Adicione o óleo e misture bem. (Add the oil and mix well.)

4. Peneire a farinha de trigo, o fermento em pó e a canela sobre a mistura de ovos e açúcar, e incorpore suavemente. (Sift the wheat flour, baking powder, and cinnamon over the egg and sugar mixture, and fold gently.)

5. Adicione os cubos de maçã à massa e misture delicadamente. (Add the diced apples to the batter and mix gently.)

6. Unte uma forma de bolo com manteiga e farinha. (Grease a cake pan with butter and flour.)

7. Verta a massa na forma e leve ao forno por 35-40 minutos ou até ficar dourado e cozido. (Pour the batter into the pan and bake in the oven for 35-40 minutes or until golden and cooked.)

8. Deixe arrefecer antes de desenformar. (Let it cool before unmolding.)

Bolo de Laranja e Amêndoa (Orange and Almond Cake)

Ingredientes (Ingredients):

- 4 ovos (4 eggs)

- 200g de açúcar (200g of sugar)

- 100g de farinha de trigo (100g of wheat flour)

- 100g de amêndoas moídas (100g of ground almonds)

- Raspa e sumo de 2 laranjas (Zest and juice of 2 oranges)

- 1 colher de chá de fermento em pó (1 teaspoon of baking powder)

- Manteiga e farinha para untar a forma (Butter and flour for greasing the cake pan)

Instruções (Instructions):

1. Preaqueça o forno a 180°C. (Preheat the oven to 180°C / 350°F.)

2. Numa tigela, bata os ovos com o açúcar até obter um creme fofo. (In a bowl, beat the eggs with the sugar until you get a fluffy cream.)

3. Adicione a farinha de trigo, as amêndoas moídas, a raspa e o sumo de laranja, e incorpore suavemente. (Add the wheat flour, ground almonds, orange zest, and juice, and fold gently.)

4. Adicione o fermento em pó e misture bem. (Add the baking powder and mix well.)

5. Unte uma forma de bolo com manteiga e farinha. (Grease a cake pan with butter and flour.)

6. Verta a massa na forma e leve ao forno por 30-35 minutos ou até ficar dourado e cozido. (Pour the batter into the pan and bake in the oven for 30-35 minutes or until golden and cooked.)

7. Deixe arrefecer antes de desenformar. (Let it cool before unmolding.)

Bolo de Maracujá (Passion Fruit Cake)

Ingredientes (Ingredients):

- 4 ovos (4 eggs)

- 200g de açúcar (200g of sugar)

- 100ml de óleo vegetal (100ml of vegetable oil)

- 150ml de polpa de maracujá (150ml of passion fruit pulp)

- 250g de farinha de trigo (250g of wheat flour)

- 1 colher de sopa de fermento em pó (1 tablespoon of baking powder)

- Manteiga e farinha para untar a forma (Butter and flour for greasing the cake pan)

Instruções (Instructions):

1. Preaqueça o forno a 180°C. (Preheat the oven to 180°C / 350°F.)

2. Numa tigela, bata os ovos com o açúcar até obter um creme fofo. (In a bowl, beat the eggs with the sugar until you get a fluffy cream.)

3. Adicione o óleo e a polpa de maracujá, e misture bem. (Add the oil and passion fruit pulp, and mix well.)

4. Peneire a farinha de trigo e o fermento em pó sobre a mistura de ovos e maracujá, e incorpore suavemente. (Sift the wheat flour and baking powder over the egg and passion fruit mixture, and fold gently.)

5. Unte uma forma de bolo com manteiga e farinha. (Grease a cake pan with butter and flour.)

6. Verta a massa na forma e leve ao forno por 30-35 minutos ou até ficar dourado e cozido. (Pour the batter into the pan and bake in the oven for 30-35 minutes or until golden and cooked.)

7. Deixe arrefecer antes de desenformar. (Let it cool before unmolding.)

Bolo de Chocolate e Pêra (Chocolate and Pear Cake)

Ingredientes (Ingredients):

- 4 ovos (4 eggs)

- 200g de açúcar (200g of sugar)

- 100g de manteiga sem sal (100g of unsalted butter)

- 150g de chocolate meio amargo, derretido (150g of semisweet chocolate, melted)

- 250g de farinha de trigo (250g of wheat flour)

- 1 colher de sopa de fermento em pó (1 tablespoon of baking powder)

- 4 peras maduras, descascadas e cortadas em fatias (4 ripe pears, peeled and sliced)

- Manteiga e farinha para untar a forma (Butter and flour for greasing the cake pan)

Instruções (Instructions):

1. Preaqueça o forno a 180°C. (Preheat the oven to 180°C / 350°F.)

2. Numa tigela, bata os ovos com o açúcar até obter um creme fofo. (In a bowl, beat the eggs with the sugar until you get a fluffy cream.)

3. Adicione a manteiga derretida e o chocolate meio amargo, e misture bem. (Add the melted butter and semisweet chocolate, and mix well.)

4. Peneire a farinha de trigo e o fermento em pó sobre a mistura de ovos e chocolate, e incorpore suavemente. (Sift the wheat flour and baking powder over the egg and chocolate mixture, and fold gently.)

5. Unte uma forma de bolo com manteiga e farinha. (Grease a cake pan with butter and flour.)

6. Verta metade da massa na forma, disponha as fatias de pera por cima e cubra com o restante da massa. (Pour half of the batter into the pan, arrange the pear slices on top, and cover with the remaining batter.)

7. Leve ao forno por 35-40 minutos ou até ficar dourado e cozido. (Bake in the oven for 35-40 minutes or until golden and cooked.)

8. Deixe arrefecer antes de desenformar. (Let it cool before unmolding.)

Bolo de Chocolate Branco e Framboesa (White Chocolate and Raspberry Cake)

Ingredientes (Ingredients):

- 4 ovos (4 eggs)

- 200g de açúcar (200g of sugar)

- 100g de manteiga sem sal (100g of unsalted butter)

- 150g de chocolate branco, derretido (150g of white chocolate, melted)

- 250g de farinha de trigo (250g of wheat flour)

- 1 colher de sopa de fermento em pó (1 tablespoon of baking powder)

- 150g de framboesas frescas (150g of fresh raspberries)

- Manteiga e farinha para untar a forma (Butter and flour for greasing the cake pan)

Instruções (Instructions):

1. Preaqueça o forno a 180°C. (Preheat the oven to 180°C / 350°F.)

2. Numa tigela, bata os ovos com o açúcar até obter um creme fofo. (In a bowl, beat the eggs with the sugar until you get a fluffy cream.)

3. Adicione a manteiga derretida e o chocolate branco, e misture bem. (Add the melted butter and white chocolate, and mix well.)

4. Peneire a farinha de trigo e o fermento em pó sobre a mistura de ovos e chocolate, e incorpore suavemente. (Sift the wheat flour and baking powder over the egg and chocolate mixture, and fold gently.)

5. Adicione as framboesas à massa e misture delicadamente. (Add the raspberries to the batter and mix gently.)

6. Unte uma forma de bolo com manteiga e farinha. (Grease a cake pan with butter and flour.)

7. Verta a massa na forma e leve ao forno por 30-35 minutos ou até ficar dourado e cozido. (Pour the batter into the pan and bake in the oven for 30-35 minutes or until golden and cooked.)

8. Deixe arrefecer antes de desenformar. (Let it cool before unmolding.)

Printed by Libri Plureos GmbH in Hamburg,
Germany